户外大型积木建构游戏
教师操作指引

吴昭辉／主编

中国出版集团　现代出版社

U0597073

图书在版编目（CIP）数据

户外大型积木建构游戏教师操作指引 / 吴昭辉主编
. —北京：现代出版社，2021.6

ISBN 978-7-5143-9321-7

Ⅰ.①户… Ⅱ.①吴… Ⅲ.①数学课—教学研究—学前教育 Ⅳ.①G613.7

中国版本图书馆CIP数据核字（2021）第133935号

户外大型积木建构游戏教师操作指引

作　　者	吴昭辉	
责任编辑	窦艳秋	
出版发行	现代出版社	
地　　址	北京市安定门外安华里504号	
邮政编码	100011	
电　　话	010-64267325　64245264	
网　　址	www.1980xd.com	
电子邮箱	xiandai@cnpitc.com.cn	
印　　制	北京政采印刷服务有限公司	
开　　本	710mm×1000mm　1/16	
印　　张	8.75	
字　　数	140千	
版　　次	2022年4月第1版　　2022年4月第1次印刷	
书　　号	ISBN 978-7-5143-9321-7	
定　　价	45.00元	

编委会

主 编：吴昭辉

编 委：汪 涛　毕华丽　张夏雨　陈雪贞　肖建玲

　　　　李小妮　郑艳华　黄婉秋　赵红艳

前言

广东省东莞市南城中心幼儿园《户外大型积木建构游戏教师操作指引》一书，是基于其课题研究成果编订的。研究成果的梳理是研究的深化和进一步研究的起点，作为本课题的亲历者、本书的第一批读者，想谈一谈自己的一点感受。对于不少幼儿园来说，做科研并不是一件容易的事情。"做的比说的好，说的比写的好"，反映出幼儿园教师在做科研课题时的困难，尤其是当成果需要梳理、提炼时教师遇到的困境。在《户外大型积木建构游戏教师操作指引》一书及其研究课题中，我们能够看到这些问题得到了一定程度的解决。课题来自幼儿园的教育教学工作，来自幼儿园管理者和教师们的实际困惑，因此，参与研究的人员多，研究过程扎实，一边研究，一边积累，最终形成成果，成果是从实践中"扎根"而来的。

东莞市南城中心幼儿园根据《幼儿园教育指导纲要（试行）》的基本精神，遵循《幼儿园工作规程》和《3—6岁儿童学习与发展指南》的理念，在课程游戏化的背景下，在已对积木建构游戏进行了近两年的探索与研究的基础上，充分考虑目前园所的基础与资源条件，将积木建构作为本园的特色活动课程之一。现将东莞市南城中心幼儿园对于户外大型积木建构游戏研究的概况向大家做一介绍。

一、幼儿园概况

东莞市南城中心幼儿园位于东莞市南城胜和大朗街6号，是在一所小学的校址上改建而成，是南城街道首家公办园所。幼儿园占地面积7600平方米，建筑面积7484平方米，按省一级幼儿园标准配置。目前幼儿园开设了19个教学班。现有职工108人，其中园长1人，教学副园长1人，主任5人，副主任1人，教师55人（含临时聘用教师）。大专及以上学历教师占100%，其中本科及以上学历教师占66%；教师资格持证率100%。其他人员配备、岗位设置、人数比例均符合市一级园所标准。

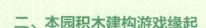
二、本园积木建构游戏缘起

《3—6岁儿童学习与发展指南》指出："要珍视游戏和生活的独特价值……最大限度地支持和满足幼儿通过直接感知、实际操作和亲身体验获取经验的需要。"游戏之于幼儿发展的重要性毋庸置疑，而在所有的游戏载体中，积木是最典型的建构性游戏，它所体现出来的实践性、全面性、知识性、差异性和趣味性等均符合幼儿的全面发展目标。

（一）特色课程理论基础

1. 建构主义理论

建构主义学习理论认为，学习过程是学习者积极建构知识的过程，而不是被动地接受知识，主张以学习者为中心，教师鼓励学习者进行批判性思维，调动学习者的学习兴趣与动机。主体通过作用于外部世界并且由此获得的反馈信息，来建构日益有用的、关于现实的知识和认识。儿童是主动的学习者，他们能主动地探究事物，并能通过经验知识发现事物之间的关系。

2. 杜威的教育理论

（1）教育即生活

美国著名哲学家、教育家、心理学家杜威认为，教育就是儿童生活的过程，最好的教育就是"从生活中学习、从经验中学习"。

（2）从做中学

儿童生来就有一种要做事和要工作的愿望，对活动具有强烈的兴趣，对此要给予特别的重视。

（3）以儿童为中心

杜威认为，学校生活组织应该以儿童为中心，在学校生活中，儿童不仅是起点、是中心，而且是目的。教师必须站在儿童的立场上，并且以儿童为自己的出发点。

积木建构游戏为儿童提供了一个探究的环境，让儿童在游戏中操作现实的生活材料，主动获取学习经验，从而建构自己的知识。教师坚持以儿童为中心，以材料为中心，采用不同的视角去观察儿童、解读儿童、评价儿童。

3. 高瞻课程理论

高瞻课程奉行的指导原则是儿童对自己感兴趣的活动是有能力做决定并解决问题的。高瞻课程有着独特的"计划—工作—回顾"的活动过程。每个儿童在计划时，可以有目的地规划自己当天所要进行的活动，根据自己的目标选择材料和操作方式，完成自己的工作后进行回顾和思考。

（二）时代背景及发展过程

在课程游戏化背景下，开园近两年的时间里，本园结合自身实际情况和优势，以积木建构游戏为载体进行一系列的区域活动探索，如积塑建构、沙水建构、室内区域积木建构和户外大型积木建构等，旨在凭借大量的丰富多元的教育环境与材料给幼儿提供学习与发展的动力，创设轻松自由的游戏氛围，提供多层次、多种类的游戏材料，把游戏时间还给幼儿，让幼儿成为游戏的主人。

（三）本园积木建构特色发展历程

（1）2016—2017学年第二学期：全园室内区域开设积木建构操作区，且全园开设邦宝积木建构，中大班开设户外大型积木建构活动。

（2）2017—2018学年第一学期：除全园室内区域开设积木建构操作区，且全园开设邦宝积木建构外，大班尝试户外混班大型积木建构，同时不断增设低结构的操作材料。

（3）2017—2018学年第二学期：除上述各活动外，于开学初增设了墙面积木建构操作材料，并引进STEAM理念的创客课程，同时将STEAM理念引入积木建构课程中来，使儿童随时随处都可以看得见、摸得着，从而促进儿童动手能力、思维能力和创造力的发展。

（4）2019年至今：本园将建构游戏与STEAM教育理念相融合，倡导多元学科交叉融合的教与学，形成以STEAM户外积木建构、STEAM室内积木建构、STEAM积塑建构、STEAM沙水建构、STEAM创客为载体，着眼于儿童STEAM跨学科应用思维和九大综合能力培养的STEAM建构体系。本园STEAM建构注重激发儿童内在学习和探究兴趣，旨在以建构为载体实现儿童综合领域能力的培养，以儿童为中心，不强调技能，更重视解决问题的过程，从而达到"塑造完整儿童，奠基幸福人生"的培养目标。

儿童在游戏过程中思考着、摆弄着、争论着……在和各种材料互动着，在游戏中学会了分享和合作，收获了快乐和自信。而教师则根据儿童的需要添置游戏材料，学会从游戏中窥见儿童的内心世界，了解儿童的思维发展，在点滴经验中积累着，与儿童共同成长。

　　经过几年对于积木建构游戏的探索，我们目睹了孩子身上发生的蜕变，感受到教师团队也发生着变化。在进行建构游戏的过程中，孩子享受着游戏的愉悦与自由，教师体会着专业成长的喜悦。积木建构游戏为我们打开了"阅读孩子"和"反思专业"的一扇门，因为积木建构游戏让孩子有了一种更为生动的表达方式，也让我们有机会和各位同行分享我们在幼教专业成长道路上的收获。

目录

第一节　户外大型积木建构游戏主体材料分类图

游戏材料是儿童游戏的物质支柱，它不仅丰富了幼儿游戏的内容和形式，还可以激发幼儿的游戏动机和游戏构思，引起幼儿的游戏联想和游戏行为。在为孩子选择建构材料时，我们主要以各种形状的大型炭烧积木为主，该积木采用新西兰进口松木，质感细腻、轻便，经高温炭化防腐技术处理，全方位角落打磨，确保幼儿在游戏过程中更安全，又有美的享受。目前，本园根据园内已有的炭烧积木，将其整理归类，共计有单元积木23种，中空积木9种，特殊积木5种，大组件4种。

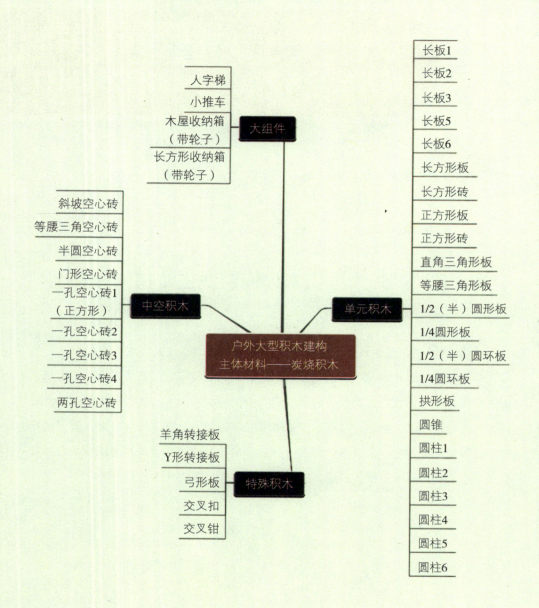

大组件
- 人字梯
- 小推车
- 木屋收纳箱（带轮子）
- 长方形收纳箱（带轮子）

中空积木
- 斜坡空心砖
- 等腰三角空心砖
- 半圆空心砖
- 门形空心砖
- 一孔空心砖1（正方形）
- 一孔空心砖2
- 一孔空心砖3
- 一孔空心砖4
- 两孔空心砖

户外大型积木建构
主体材料——炭烧积木

单元积木
- 长板1
- 长板2
- 长板3
- 长板5
- 长板6
- 长方形板
- 长方形砖
- 正方形板
- 正方形砖
- 直角三角形板
- 等腰三角形板
- 1/2（半）圆形板
- 1/4圆形板
- 1/2（半）圆环板
- 1/4圆环板
- 拱形板
- 圆锥
- 圆柱1
- 圆柱2
- 圆柱3
- 圆柱4
- 圆柱5
- 圆柱6

特殊积木
- 羊角转接板
- Y形转接板
- 弓形板
- 交叉扣
- 交叉钳

第二节 户外大型积木建构游戏主体材料组成

户外大型积木建构游戏主体材料组成如下。

类型	序号	材料名称	材料图片	尺寸（cm）	数量	用途
单元积木	1	长板1		120×10×2.5	8	基础型积木适用于各类建筑
	2	长板2		100×10×2.5	9	
	3	长板3		80×10×2.5	9	
	4	长板5		60×10×2.5	13	
	5	长板6		40×10×2.5	28	
	6	长方形板		20×10×2.5	90	
	7	长方形砖		20×10×5	99	
	8	正方形板		10×10×2.5	78	

续 表

类型	序号	材料名称	材料图片	尺寸（cm）	数量	用途
单元积木	9	正方形砖		10×10×5	98	基础型积木适用于各类建筑
	10	直角三角形板		20×40×2.5	6	房顶的造型、停车位两侧、装饰建筑等
	11	等腰三角形板		28×28×2.5	4	
	12	1/2（半）圆形板		半径10×2.5	7	房顶的造型、装饰造型、象征性材料（蛋糕）等
	13	1/4 圆形板		半径20×2.5	1	
	14	1/2（半）圆环板		半径15×2.5	1	道路转角、喷泉、环行路段、书架、游泳池、操场转角、道路转角象征性材料（蛋糕）等
	15	1/4 圆环板		半径30×2.5	0	
	16	拱形板		半径15×2.5		
	17	圆锥		10×10×15	8	城堡房顶、灯柱顶、装饰建筑等
	18	圆柱1		40×5	2	角色游戏材料（擀面杖）、建筑装饰柱等
	19	圆柱2		20×5	0	
	20	圆柱3		10×5	7	

类型	序号	材料名称	材料图片	尺寸（cm）	数量	用途
单元积木	21	圆柱4		10×20	8	灯柱、国旗杆、桌椅脚等
	22	圆柱5		10×40	7	
	23	圆柱6		50×3	2	
特殊积木	24	羊角转接板		30×50×2.5	8	道路转角/分叉、厨房架子、大门的装饰等
	25	Y形转接板		20×45×2.5	6	
	26	弓形板		80×20×2.5		道路转角、桥/路的造型
	27	交叉扣		60×10×2.5	7	两块交叉扣镶嵌后可做十字架形的道路转角
	28	交叉钳		120×10×2.5	0	两块交叉钳拼插后可做门、帐篷等
中空积木	29	斜坡空心砖		31×16×10	6	空中/地下停车场、小斜坡、上桥/下桥连接面
	30	等腰三角空心砖		25×16×16	8	灯柱顶、钟楼顶、城堡等装饰作用
	31	半圆空心砖		30×15×16	5	

续 表

类型	序号	材料名称	材料图片	尺寸（cm）	数量	用途
中空积木	32	门形空心砖		36×16×10	8	楼房（教学楼、保安室、凉亭）、枕头
	33	一孔空心砖1（正方形）		16×16×10	8	基础型中空积木，可用作各类建筑的基底，如楼房、桥墩、桌面、凳脚等（相对单元积木更牢固）
	34	一孔空心砖2		48×16×10	0	
	35	一孔空心砖3		32×16×10	0	
	36	一孔空心砖4		24×16×10	4	
	37	两孔空心砖		58×16×10	3	
大组件	38	人字梯		120×70×2	8	辅助幼儿进行搭高

类型	序号	材料名称	材料图片	尺寸（cm）	数量	用途
大组件	39	小推车		60×50×21	8	运输材料
	40	木屋收纳箱（带轮子）		130×45×130	10	材料收纳箱
	41	长方形收纳箱（带轮子）		100×43×35	5	材料收纳箱

第三节　户外大型积木建构游戏辅助材料分类图

　　辅助材料是能对游戏推进产生较大影响的材料，在游戏中起辅助作用或替代建构主体材料融入幼儿的建构作品的材料，以下为辅助材料的分类图以及本园在户外大型积木建构游戏中所采用的辅助材料一览表。

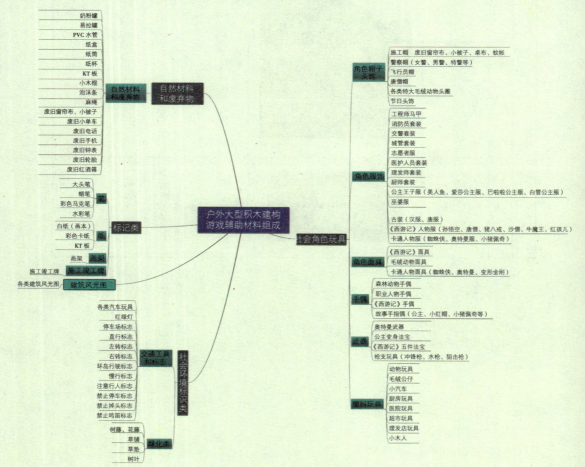

第四节　户外大型积木建构游戏辅助材料组成

户外大型积木建构游戏辅助材料组成如下。

辅材类型	辅材明细	辅材名称	图片
社会角色玩具	角色帽子头饰	施工帽	
		警察帽（女警、男警、特警等）	
		飞行员帽	
		唐僧帽	

续 表

辅材类型	辅材明细	辅材名称	图片
社会角色玩具	角色帽子头饰	各类特大毛绒动物头圈	
		节日头饰	
	角色服饰	工程师马甲	
		消防员套装	

辅材类型	辅材明细	辅材名称	图片
社会角色玩具	角色服饰	交警套装	
		城管套装	
		志愿者服	
		医护人员套装	
		理发师套装	

辅材类型	辅材明细	辅材名称	图片
社会角色玩具	角色服饰	厨师套装	
		公主王子服（美人鱼、爱莎公主服、巴啦啦公主服、白雪公主服）	
		巫婆服	

辅材类型	辅材明细	辅材名称	图片
社会角色玩具	角色服饰	古装（汉服、唐服）	
		《西游记》人物服（孙悟空、唐僧、猪八戒、沙僧、牛魔王、红孩儿）	
		卡通人物服（蜘蛛侠、奥特曼服、小猪佩奇）	
	角色面具	《西游记》面具	
		毛绒动物面具	

续 表

辅材类型	辅材明细	辅材名称	图片
社会角色玩具	角色面具	卡通人物面具（蜘蛛侠、奥特曼、变形金刚）	
	手偶	森林动物手偶	
		职业人物手偶	
		《西游记》手偶	
		故事手偶（公主、小红帽、小猪佩奇等）	

辅材类型	辅材明细	辅材名称	图片
社会角色玩具	武器	奥特曼武器	
		公主变身法宝	
		《西游记》五件法宝	
		枪支玩具（冲锋枪、水枪、狙击枪）	
	塑料玩具	动物玩具	

续　表

辅材类型	辅材明细	辅材名称	图片
社会角色玩具	塑料玩具	毛绒公仔	
		小汽车	
		厨房玩具	
		医院玩具	
		超市玩具	

续表

辅材类型	辅材明细	辅材名称	图片
社会角色玩具	塑料玩具	理发店玩具	
		小木人	
自然材料和废弃物	自然材料和废弃物	奶粉罐	
		易拉罐	
		PVC 水管	
		纸盒	

辅材类型	辅材明细	辅材名称	图片
自然材料和废弃物	自然材料和废弃物	纸筒	
		纸杯	
		KT 板	
		小木棍	
		泡沫条	

续　表

辅材类型	辅材明细	辅材名称	图片
自然材料和废弃物	自然材料和废弃物	麻绳	
		废旧窗帘布、小被子	
		废旧小单车	
		废旧电话	
		废旧手机	
		废旧钟表	

续表

辅材类型	辅材明细	辅材名称	图片
自然材料和废弃物	自然材料和废弃物	废旧轮胎	
		废旧红酒箱	
社会环境标识类	交通工具和标志	各类汽车玩具	
		红绿灯	

辅材类型	辅材明细	辅材名称	图片
社会环境标识类	交通工具和标志	停车场标志	
		直行标志	
		左转标志	
		右转标志	
		环岛行驶标志	
		慢行标志	

续 表

辅材类型	辅材明细	辅材名称	图片
社会环境标识类	交通工具和标志	注意行人标志	
		禁止停车标志	
		禁止掉头标志	
		禁止鸣笛标志	
	绿化类	树藤、花藤	

续　表

辅材类型	辅材明细	辅材名称	图片
社会环境标识类	绿化类	草铺	
		草垫	
		树叶	
标记类	笔	大头笔	
		蜡笔	
		彩色马克笔	

辅材 类型	辅材 明细	辅材名称	图片
标记类	笔	水彩笔	
	纸	白纸（画本）	
		彩色卡纸	
		KT 板	
	画架	画架	

续 表

辅材类型	辅材明细	辅材名称	图片
标记类	施工竣工牌	施工竣工牌	工程竣工标志牌
	建筑风光图	各类建筑风光图	

第二章 幼儿园户外大型积木建构游戏建构技能

第一节　户外大型积木建构游戏建构技能分类图

　　根据幼儿的典型性发展，制定各年龄段的技能目标，不仅可以帮助新老师快速掌握建构技能，还能打破幼儿建构难点，帮助幼儿提高建构成就感，体会建构乐趣。经总结提炼共有11种基础系列技能，在基础技能之下又细化、延伸的具体技能有33种。

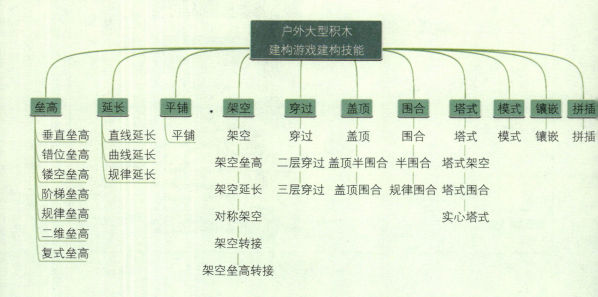

第二节　户外大型积木建构游戏建构技能一览表

户外大型积木建构游戏建构技能一览表如下。

序号	类型	建构技能名称	参考搭建步骤	适用班级	备注
1	垒高	垂直垒高		中班	基础技能
		错位垒高		中班	垒高变形技能
		镂空垒高		中班	垒高变形技能

续 表

序号	类型	建构技能名称	参考搭建步骤	适用班级	备注
1	垒高	阶梯垒高		大班	垒高变形技能
		规律垒高		大班	垒高变形技能
		二维垒高		大班	三维垒高的基础

续表

序号	类型	建构技能名称	参考搭建步骤	适用班级	备注
1	垒高	复式垒高		大班	以上所没有的一种综合性复杂的垒高形式
2	延长	直线延长		中班	基础技能
		曲线延长		中班	基础技能

序号	类型	建构技能名称	参考搭建步骤	适用班级	备注
2	延长	规律延长		大班	在直线延长和曲线延长的基础上,选择的积木类型呈现规律性
3	平铺	平铺		中班	基础技能
4	架空	架空		中班	基础技能

续 表

序号	类型	建构技能名称	参考搭建步骤	适用班级	备注
4	架空	架空垒高		中班	架空变形技能
		架空延长		中班	架空变形技能
		对称架空		大班	架空变形技能

续 表

序号	类型	建构技能名称	参考搭建步骤	适用班级	备注
4	架空	架空转接		大班	综合应用架空技能

续表

序号	类型	建构技能名称	参考搭建步骤	适用班级	备注
4	架空	架空垒高转接		大班	综合应用架空技能
5	穿过	穿过		中班	基础技能
		二层穿过		中班	穿过变形技能
		三层穿过		大班	穿过变形技能

序号	类型	建构技能名称	参考搭建步骤	适用班级	备注
6	盖顶	盖顶		中班	基础技能
		盖顶半围合		大班	有内部空间，且只有一个出口
		盖顶围合		大班	内部呈现全密封的空间
7	围合	围合		中班	使用三块以上的积木围成一个内部空间
		半围合		中班	只围合了三面或留有一个缺口，四面没有完全闭合
		规律围合		大班	在围合的基础上，使用的积木类型是有规律的

续表

序号	类型	建构技能名称	参考搭建步骤	适用班级	备注
8	塔式	塔式		大班	逐层变小（至少两层）
		塔式架空		大班	与架空垒高的区别在于，每一层是逐渐变小的
		塔式围合		大班	塔的内部是空心的

续 表

序号	类型	建构技能名称	参考搭建步骤	适用班级	备注
8	塔式	实心塔式		大班	塔的内部是实心的
9	模式	模式		大班	非以上任何一种技能，多表现在装饰建筑物时使用一定的规律或模式进行搭建

续　表

序号	类型	建构技能名称	参考搭建步骤	适用班级	备注
10	镶嵌	镶嵌		中班	特定的积木才能使用该技能
11	拼插	拼插		中班	特定的积木才能使用该技能

　　注：每种技能所对应的年龄建议依据大部分幼儿在户外大型积木建构游戏中表现的典型性行为。

第三章
幼儿园户外大型积木建构游戏发展目标（中大班）

幼儿是一个发展的整体，教育工作的最终目标是促进幼儿的全面发展，本园把《幼儿园教育指导纲要（试行）》《3—6岁儿童学习与发展指南》中五个领域的儿童学习与发展目标融合到户外大型积木游戏的发展目标中。例如，融合社会领域，幼儿能够自发解决矛盾；学会爱护物品；学会尊重别人；提升幼儿自信心等。

一、中班（上）建构目标

（1）认识建构游戏中常见的积木材料和辅助材料的名称，感知它们的基本特征（大小、颜色、形状、长短等），有按照标识分类的意识。

（2）学习基本的建构技能，如平铺、延长、垒高等。

（3）尝试运用不同的材料进行搭建，能搭建出物体的简单造型。

（4）能愉快地进行混班建构，过程中使用礼貌用语，尝试交新朋友，与同伴友好相处。

（5）能用自己喜欢的方式大胆操作，培养观察力、想象力和动手能力。

（6）能遵守基本的建构游戏规则，不争不抢，爱惜积木。

（7）在老师的指导下，尝试向同伴分享自己的建构作品。

（8）对户外大型积木建构活动感兴趣，能积极参与建构活动。

二、中班（下）建构目标

（1）认识建构游戏使用的积木材料和辅助材料的名称，感知它们的基本特征

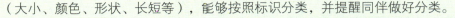

（大小、颜色、形状、长短等），能够按照标识分类，并提醒同伴做好分类。

（2）掌握基本的建构技能，尝试学习复杂的建构技能，如围合、塔式、盖顶等。

（3）能运用基本技能进行简单的主题搭建，尝试用喜欢的材料装饰自己的作品。

（4）进行混龄建构时，能使用礼貌用语与哥哥、姐姐打招呼，虚心向他们学习，友好相处，共同遵守游戏规则，完成建构任务。

（5）遇到问题尝试自己解决，当解决不了时，知道寻求同伴、哥哥、姐姐或老师的帮助。

（6）在老师的指导下，能配合哥哥、姐姐在混龄集体前大胆地分享和介绍小组作品。

（7）活动后在老师的指导下，和哥哥、姐姐合作完成材料的分类收拾。

三、大班（上）建构目标

（1）能说出建构游戏的主体材料、辅助材料的名称，并说出它们的特征（大小、颜色、形状、功能等）。

（2）掌握基本的技能和复杂技能，如实心塔式、围合、盖顶、对称等，学习如何综合运用各类技能。

（3）能按建构主题综合或根据自己的兴趣进行搭建，能根据自己的搭建意愿自主选择搭建的主体材料和辅助材料，能搭建出不同的作品，运用对称、规律、以物代物等方式装饰自己的建构作品。

（4）能够通过协商制订建构计划，建构过程能够按照建构计划搭建。

（5）进行混班建构时，能主动交新朋友，学会合作分工，避免冲突，解决矛盾，与小组同伴共同完成建构任务。

（6）活动过程中遇到困难，自己尝试用协商、轮流等方式独立解决。

（7）能尊重、爱护、欣赏他人的建构成果，主动用较为流畅的语言介绍自己的建构作品并安静倾听他人的介绍，学习他人的建构方法。

（8）建构活动结束后，能自觉收拾材料，并按标签分类整理。

四、大班（下）建构目标

（1）熟悉掌握各种建构技能，能综合运用各种技能进行综合性、复杂性的主题搭建。

（2）可以根据自己的意愿与兴趣，自主制订搭建计划，综合运用建构技能进行无主题建构。

（3）在完成建构作品后，能利用建构物开展象征性游戏。

（4）进行混龄建构时，能合理分工，学会协调成员间协作，与中班幼儿共同建构。

（5）有为中班幼儿树立榜样的意识，遵守游戏规则，关心、爱护中班幼儿，互相谦让，友好合作。

（6）能学习独立解决在搭建过程中出现的问题，主动帮助有困难的同伴。

（7）能用流畅、连贯的语言主动地在混龄集体中分享自己的建构计划图、建构作品及建构方法、活动中有趣的事或遇到的困难等。

（8）能以身作则，带领弟弟、妹妹将活动后的材料归类整齐。

第四章
幼儿园户外大型积木建构
游戏教学模式

第一节　户外大型积木建构游戏教学模式

按照主题的由来、分组方式以及教师指导方式的不同，建构游戏可以分为自由建构和主题建构，以下提供两种建构游戏的组织步骤。

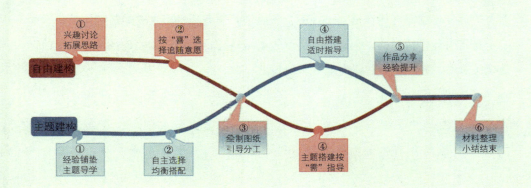

自由建构游戏主要是指幼儿从自身兴趣和已有经验出发，按照自身的意愿自行决定搭建的主题、造型和结构等，指的是幼儿自发生成的游戏。主题建构游戏是指幼儿根据教师预设的主题内容进行的建构游戏，主要包括命题结构游戏和模仿结构游戏，即教师发起或设计的游戏。

自由建构和主题建构的教学模式既有相同点，也有所区别。它们之间的区别在于，第一，游戏由来的区别。自由建构是教师准备适宜的游戏环境，提供充足且丰

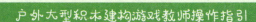

富的游戏材料，幼儿根据兴趣自发生成建构游戏。当幼儿没有想法时，使用各类与建构有关的图片、视频去刺激幼儿的思维，同时在日常生活中，教师要善于发现教育契机。比如，在进行《西游记》主题教学时，可以引导幼儿在下次建构活动时搭建孙悟空的花果山，蜘蛛精的盘丝洞；在进行"我要上小学"主题教学时，激发幼儿搭建小学的兴趣；等等。主题建构的游戏由来是由教师直接根据活动主题，准备好相关的教学内容，给幼儿进行经验铺垫，活动前一周提前布置家庭小任务，如让家长带幼儿参观相关的建筑等，通过家园共育共同为幼儿搭建经验做铺垫。第二，分组方式的区别。在分组搭建时，自由建构的小组构成是搭建兴趣相同或相似的幼儿自然组织在一起，共同去完成心中所想；主题建构的小组构成是在幼儿自由分组后教师再根据幼儿搭建水平进行适当调整，以期每组都能达成教学目标。第三，过程指导的区别。在自由建构活动的过程中，教师要通过观察设计图、倾听幼儿讨论等方式充分了解每组的搭建兴趣，当幼儿搭建水平长时间处于一个水平或经过尝试不能解决问题时，教师可适时提供帮助，并投入新的辅助材料，提升幼儿兴趣点。在提供支持的同时要追随幼儿的兴趣，不把个人想法强加给幼儿，关注幼儿品质和能力的提升。主题建构在搭建过程中，各组幼儿需完成特定主题的建构作品，教师心中是带有教学目标的，根据教学目标去指导幼儿，当幼儿的建构行为与教学目标毫无关系时，教师需适时适当地介入游戏。

第二节　户外大型积木建构游戏主题建构教案

（大班第一学期）

户外大型积木建构游戏主题建构教案如下。

活动名称	大班户外大型积木建构游戏《虎门二桥》（第一课时）
活动目标	1.认知：了解虎门二桥对称的建筑特点。 2.技能：能综合运用架空、垒高、平铺、对称等技能搭建虎门二桥。 3.情感：体验合作与分享的喜悦
活动重点	了解虎门二桥对称的建筑特点
活动难点	能综合运用架空、垒高、平铺、对称等技能搭建虎门二桥
活动准备	1.经验准备： ①建构区的合作经验。 ②用符号记录的经验。 2.材料准备： ①设计图纸。 ②PPT
活动过程	（一）活动导入 1.教师播放雄伟的虎门二桥视频，提问： "你们认识这是什么建筑吗？它在哪里？它叫什么名字？" 小结：它的作用非常大，是连接广州市南沙区与东莞市沙田镇的过江通道，它的名字叫"虎门二桥"。 2.出示虎门二桥完整的图片，引导幼儿有目的地观察： "请你们认真观察，虎门二桥是由哪些部分组成的？" "你们可以用什么样的积木来代替这些部分？" "虎门二桥是由几段连妾而成的？" "怎样做才会让你们搭建的大桥更加坚固？"

活动过程	（二）活动过程 1.自主选择分组，教师根据幼儿的搭建水平，适当调整。 2.推选小组长，协商设计图，组长进行分工。 3.教师围绕教学目标与主题，巡回指导，适时指导。 （三）分享与小结 教师提问，经验提升： 1.今天和你进行搭建的伙伴是谁? 2.你在搭建中都用到了什么技能? 3.你在搭建中遇到了什么困难? 你都是怎样解决的
活动延伸	探究现实中虎门二桥修建的历程，并讲给同伴和老师听

第三节　户外大型积木建构游戏自由建构教案

（大班第一学期）

户外大型积木建构游戏自由建构教案如下。

活动名称	大班户外大型积木建构游戏——自由建构
活动目标	1.认知：了解建筑的基本结构。 2.技能：能够合作建构，综合利用平铺、垒高、架空等技能建构作品。 3.情感：能够与同伴合作完成建构，遵守建构规则
活动重点	引导幼儿根据已有经验，画出设计图，能利用平铺、垒高、架空、镂空等技能搭出自己设计的结构
活动难点	合作建构，能与他人分享建构乐趣
活动准备	1.经验准备：事先与幼儿进行谈话，了解幼儿想建构的大概方向。 2.材料准备： ①各种大型积木及辅助材料。 ②画板、笔
活动过程	（一）活动导入 1.以谈话引入主题，激发幼儿的兴趣。引导小朋友说出自己设计的建筑。 2.教师用提问和启发的方式将幼儿的经验进行提升。 3.提出建构活动要求： （1）友好合作，建构完成小组中有特色的作品。 （2）爱护建构成果，注意搭建中的安全问题。 （3）自觉收拾整理剩余的材料。 （4）在搭建过程中不要大声喧哗吵闹，以免影响其他小朋友。 （5）摆放积木的时候要轻拿轻放，不需要的材料要及时放回去。走路要当心，不要碰倒其他人搭好的成品。

续 表

活动过程	（二）活动过程 1.自由分组：将幼儿分成六组，进行搭建活动。 2.教师巡回观察。 （三）分享与小结 1.组织幼儿参观、拍照。 2.每组选出一名幼儿当"小小讲解员"，介绍自己的作品。 师：小朋友搭建了这么多的作品出来，请说说你们搭建的作品：作品的名称是什么？用了什么技能？和哪些伙伴一起建构的？你们是怎么分工的
活动延伸	画出建构作品，举行建构作品展

幼儿园户外大型积木建构游戏组织流程如下。

环节	时间	流程（人员配合）	注意事项
准备	8：45—9：10 （25分钟）	两名生活老师，一名老师和5～6名幼儿搬材料，另一名老师在室内进行建构前的情境导入，并强调安全和注意事项	幼儿就餐，前期经验积累，心理暗示——积木、辅助材料使用完后及时归位，教师准备游戏检核表
	9：10—9：25 （15分钟）	教师带幼儿下楼，摆放水壶（注意卫生），再次强调主题/自由建构相关事项以及安全和生活教育，自主喝水等	绘画本、夹板、彩笔、音乐（控制音量）、黑板、导入图片等
计划	9：25—9：35 （10分钟）	幼儿分组，组内分工选出队长，绘制图纸	教师可提前放好小组标识牌，使用空心砖作为小凳子坐在地板上绘图，幼儿可轮流绘制，共同起组名，协商分工，自由建构，协商建构主题，提示幼儿按图纸进行搭建
工作	9：35—10：20 （45分钟）	幼儿搭建，教师巡视、观察、记录、指导、拍照、填写游戏检核表	教师多巡视，管住嘴，幼儿寻求帮助时进行指导（幼儿可自由喝水、如厕），提前10分钟提醒幼儿即将结束，让幼儿做好结束游戏的心理准备，5分钟收拾多余材料

续 表

环节	时间	流程（人员配合）	注意事项
回顾	10：20 — 10：40（20分钟）	教师整队，幼儿介绍作品，教师总结，经验提升	提醒保护好作品，幼儿分享，教师小结（用了什么技能、搭建了什么、遇到的困难和解决方法、合作、给作品命名等），可以现场小结，时间不足也可以课后用照片小结
整理	10：40 — 11：10（30分钟）	组内分任务进行材料归位	注意安全，教师及小组长责任到人，轻拿轻放，爱惜积木

实施流程示意图如下。

经验与技能的准备；积木与辅助材料的准备；混班心理暗示的准备

幼儿按小组自行收拾、整理积木与辅助材料

教师从幼儿安全、常规、合作与交往等方面进行

实施流程

前期准备

教师导入

材料的整理与归位

分享、小结与故事评价

幼儿自主组合、绘制图纸

过程与指导、观察与记录

幼儿对作品进行介绍；教师进行总结与经验的提升，撰写故事评价

幼儿自由组队，选取组长，进行图纸的绘制

幼儿根据施工图纸进行分工、搭建；教师观察、记录与指导

第六章
幼儿园户外大型积木建构
游戏教师指导策略

一、两种积木建构游戏的介入方式

（一）自由建构游戏介入方式

追随兴趣型干预方式，指的是教师通过观察和研究，了解幼儿的身心发展特点、已有经验以及新的兴趣和需要，教师在对幼儿有充分了解和理解的基础上，再进行适当的干预，以支持和扩展幼儿的游戏活动与经验建构，教师对于幼儿游戏的干预是以幼儿自身学习和发展的真实需要为依据的，而不是从某些预设的标准或框架出发去人为地拔高幼儿的游戏水平和扩展幼儿的知识。在对幼儿游戏干预时，教师扮演的是儿童心理的研究者和幼儿经验建构的支持者。

（二）主题建构游戏介入方式

诊断缺失型的干预方式，指的是强调教师干预应当以对幼儿游戏的观察和了解为前提，但它不同于追随兴趣型之处在于，教师往往以一种预设的理论框架为依据，对于幼儿的游戏进行观察和诊断，教师对幼儿的游戏活动进行观察，根据理想的游戏行为（预设的教学目标）来确定幼儿游戏活动中缺失哪些重要的因素，重要因素的缺失被作为干预的依据或理由。

二、积木建构游戏的教师指导策略

如以游戏进程来做区分，教师的指导可贯穿在建构游戏前（准备阶段）、建构游戏中（过程阶段）、建构游戏后（整理阶段）。

积木建构游戏的教师指导策略如下。

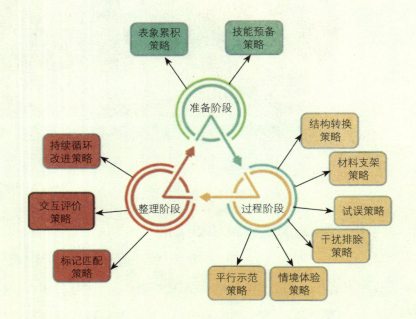

（一）准备阶段

在建构游戏开始前的准备阶段，教师可采取以下指导策略。

建构游戏开始前，教师应有目的地引导幼儿对建构物体进行观察、发现、比较，包括对建构物体的比例、结构、空间位置的感知与理解，从而帮助幼儿储备丰富的表象，提高其建构水平。

1. 表象累积策略

（1）平面表象累积：主要是指教师通过运用平面图片的方式引导幼儿感知不同建筑物的形态、结构。有些图片呈现的是建筑物的整体；有些图片呈现的是建筑物的部分，主要是门、窗、拱等建筑元素，需要放大给幼儿看；还有些呈现的是不同角度的同一物体，让幼儿从不同的角度整体观察、感知自己即将建构的物体，提高幼儿在建构活动中对空间方位的感知能力与布局能力。

案例： 教师为幼儿提供各种建筑物的图片，让幼儿形成对建筑物初步的感知。对于重点学习的建筑部位，可以放大给幼儿感知。

（2）立体表象累积：主要是指教师呈现给幼儿立体的建筑物，以便引发幼儿对其比例、构造的真实感知。立体表象主要有微缩模型等。

案例：教师在进行"中国传统建筑"主题建构时，收集了许多建筑模型，如塔、吊脚楼、骑楼等，让幼儿能够直观地感知建筑的特点。

（3）表象互为转换：在现实生活中，我们能够提供给幼儿的立体表象毕竟是有限的，大部分还是平面表象。而学前期幼儿由于思维处于直观形象阶段，有时还无法把对平面图片的感知准确转换成立体物象，从而影响了建构的速度与质量。因此，建议教师采用表象互为转换策略，即陈列同一建筑物的平面表象与立体物象，并在摆放立体物象的盒子上张贴"猜猜我是谁""找出我的好兄弟"等充满童趣的语言，以此激发幼儿观察、比较、思考的兴趣，使得幼儿在平面图形与立体物象之间建立联系，将这种经验迁移运用到更多的对平面图片的识别与转化上。

案例：教师在进行"中国传统建筑"主题建构活动引导时，准备了各种建筑的平面图形或者局部图以及建筑的立体模型，将材料投放到建构区，让幼儿找出对应的建筑，以此来加深幼儿对建筑结构的了解，激发幼儿的建构兴趣。

2. 技能预备策略

积木建构游戏与其他游戏最不同的显著特征之一是需要技能的支撑。教师需要通过科学的、适宜的途径给予幼儿一定的建构技能。根据前人对建构游戏的研究，学前阶段的幼儿需要掌握的主要建构技能有平铺、叠高、架空、围合、盖顶、交叉、转向等。针对这几种最为基本的建构技能，教师可以设计一些好玩的游戏，将技能巧妙地隐含于游戏情境中，让幼儿在不着痕迹的游戏中习得这些建构技能。

案例：教师在指导幼儿学习平铺技能时，创设"龟兔赛跑"的情境，激发幼儿兴趣，引导幼儿给"龟兔赛跑"故事搭建赛道，从而让幼儿掌握平铺技能。在"小猪造房子"游戏中隐含了围合技能，在"跳跳糖"游戏中隐含了架空技能。

（二）过程阶段

在建构游戏开展过程中，教师可以采取以下指导策略。

1. 结构转换策略

学前期儿童的空间认知水平相对较低，当知觉的对象纷繁复杂、结构过于庞大的时候，他们在用积木建构其特征时往往无从下手。以"我的小学"积木建构游戏为例。幼儿在教师的带领下，兴致勃勃地参观了小学，可建构学校的时候遇到了困难。以下是幼儿的困惑："学校这么大，我都不知道该从哪里搭起""我不记得学校里都有什么了""我看到学校的楼都是连在一起的，我不知道怎么转弯"。

针对上述状况，教师及时采用了结构转换策略。该策略共分两步。首先，教师在进行建构前让家长带领幼儿参观小学，当进行建构活动时，教师引导幼儿回忆参观的路径与参观的内容，包括小学大门、楼梯、教室、洗手间、教室、办公室、操场、升旗台等。然后教师引导幼儿用简单的物品来代替学校的建筑特征。其次，幼儿进行搭建，将最初作为表征的简单物品替换掉，这样就降低了表征的难度。最终，幼儿顺利完成搭建任务。

2. 材料支架策略

支架即鹰架，来源于苏联心理学家维果茨基的"最近发展区"理论，即当幼儿现有的经验或者水平无法解决当前的问题时，教师给予一定的提示和引导，帮助幼儿顺利解决，提升幼儿的能力。

案例：在大班的建构游戏"小学课室"中，幼儿预期的目标是搭建可以容纳小组成员的课室，但由于大班幼儿对空间距离没有准确概念，可能搭建出来的课室总是太小，教师提供了报纸请幼儿站上去，请幼儿观察空间范围，然后撤走报纸。

3. 试误策略

试误即尝试错误，最初是由美国心理学家桑代克提出来的。在游戏中，试误策略是指让幼儿充分地尝试一些错误的动作，随着不断地尝试，错误动作逐渐减少，成功动作不断增多，直至最后完全获得成功。在引导幼儿进行建构游戏的过程中，教师可以充分运用这一原则，适度等待，给予幼儿学习的空间，尝试让幼儿独立面对问题、解决问题。

案例：在搭建小学校门时，幼儿把一侧柱子用三块一字空心砖搭建，另一侧柱子用不同的一字空心砖搭建，虽然幼儿不断利用不同积木调整两侧高度，但两边柱子仍然不稳固。于是，一名幼儿经过多次尝试与目测后，拆掉了其中一侧的柱子，参照另外一侧柱子的单元积木的规格和数量进行搭建，最后两侧柱子高度相同并且十分稳固。

如果幼儿可以通过不断的尝试，最终找到解决问题的办法，那么，即使这个过程需要花费很长的时间，教师也应该耐心等待幼儿经过多次的试误，最终取得成功。

4. 干扰排除策略

幼儿在活动中容易被其他因素干扰。这就需要教师在活动中尽可能地排除与活动主题不相关或者可能影响活动的因素，让幼儿在游戏中目标明确，专注地探索与主题一致的搭建行为。

案例：在学习技能围合的游戏过程中，教师用"小猪造房子"的游戏引导幼儿进行家的搭建来实现预设目标。一个班的幼儿由于受前次活动的干扰，兴趣点依然在搭建房子上，无法获取更多的围合经验。另一个班的幼儿由于受到教师的潜在影响，即搭建前教师的语言暗示，"等下看看你的家可以让几只小猪来做客哦"，开始探索用积木搭建家。这个对比表明：对于年龄小的幼儿，教师适时地排除无关干扰，澄清建构主题，能够增强幼儿的表征能力。

5. 情境体验策略

情境体验是指在一定的情境模式中体验，让幼儿在体验中产生共鸣，激发幼儿的兴趣和求知欲。需要说明的是，这里的情境体验更侧重于教师利用游戏情境，借助一定的道具，揭示幼儿在搭建过程中存在的矛盾，并激发幼儿后续建构行为的指导策略。

案例： 在"桥"的建构游戏中，幼儿搭的桥墩间距非常小。教师看到后并没有立即指出来，而是手持纸船和幼儿玩小船过桥的游戏。结果幼儿马上发现了问题：桥墩间距小且高度不够，小船无法过桥。于是，他们立即改变建构方法，并不时地拿小船试试，直到小船能通过为止。

6. 平行示范策略

平行示范是指教师在空间距离上接近幼儿，并用与幼儿相同的材料从事同样的活动，但是不与幼儿直接发生言行交往，不直接介入幼儿的建构游戏，而是利用自身行为的榜样示范作用，通过暗示的方式对幼儿的搭建活动进行指导。

案例： 在"桥"的建构游戏中，教师发现幼儿的建构作品几乎都一模一样。于是教师也拿了积木搭起来，并且搭了两种不同的桥。这时，有几个幼儿注意到老师的搭建，悄悄地模仿起来。当幼儿在建构中遇到困难或者当幼儿的搭建技能在原地踏步没有提升时，教师可以使用平行示范策略帮助幼儿获得成功，并在新的技巧上有所突破。

（三）整理阶段

在建构游戏结束后的整理阶段，教师可以使用以下策略。

1. 标记匹配策略

积木作为建构材料，其自身所具有的特征同样蕴含了学习的因素，如形状、大小、粗细等的不同都可以供幼儿观察；而将相同积木按一定位置分开摆放，又蕴含了分类的原理。因此，教师可以利用积木这独特的形态，使用标记匹配策略，发展幼儿的观察、比较、分类能力。

长方形砖　　　　半圆形板

2. 交互评价策略

交互指的是集合各元素之间的联系，不是单向、孤立的，而是交叉、多元的。交互评价应用了上述概念，集自我自评、同伴互评、家长共评于一身，帮助幼儿收集多个评价渠道的信息，以完善自己的作品。针对不同年龄段幼儿的发展水平和自我评价能力，教师可以设计不同的评价表。中大班幼儿的观察能力、思考能力有所提高，能够更具体地对自我和他人做出评价，并且增添了同伴互评。

中班幼儿建构游戏评价表如下。

幼儿姓名	评价项目	自我评价	同伴评价	家长评价
	我很快乐			
	我的作品			

（说明：☺表示"很棒"，♡表示"需加油"）

大班幼儿建构游戏评价表如下。

幼儿姓名	评价项目	自我评价	同伴评价	家长评价
	我很快乐			
	我的作品			
	我的创意			
	我会合作			

（说明：☺表示"很棒"，♡表示"需加油"）

3. 持续循环改进策略

运用循环过程来支持幼儿游戏技能水平的发展和持续的进步，循环改进的过程成为教师观察、计划和指导幼儿游戏的指南。教师在运用这一循环思路时，需要思考几个问题。

循环环节	教师思考关键问题
观察和评估	我看到了什么？
评价	我想到了什么？
生成目标	幼儿将会做什么？
计划和实施游戏	我将会做什么？我将什么时候做？

扩展持续循环改进图如下。

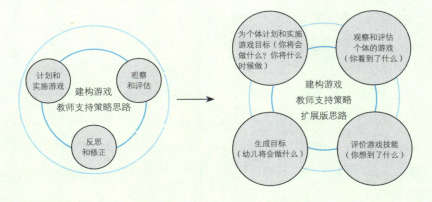

第七章
幼儿园户外大型积木建构
游戏教师观察策略

要理解、指导、支持幼儿的建构游戏，教师必须学会观察。一方面通过对幼儿的观察，教师可以知道幼儿的兴趣点、幼儿的社会性发展水平、游戏技能水平等。另一方面教师通过观察，也能够更好地评估幼儿的行为，衡量幼儿的发展程度、为幼儿制订学习计划等。

通过观察建构游戏，具体了解幼儿什么呢？这是很多教师都疑惑的问题。教师的观察可以从游戏内容的多样性、游戏行为与结果的发展性、游戏形式的自主性三个方面来进行。

建构游戏中，教师以旁观者的角度，对正在游戏的儿童进行观察，有助于获取较为真实、客观的信息。

（1）观察游戏内容的多样性

游戏内容的多样性是指幼儿运用材料在何种程度上反映了客观现实或游戏假想。

首先，多样性体现在幼儿运用材料进行建构的过程中。比如，幼儿建构的内容是不断地丰富着还是一味地重复着？其次，体现在利用建构作品开展游戏方面。比如，幼儿是沉浸其中，不断地演绎着游戏情节，还是无动于衷，仅将其看作任务的结束？对幼儿建构游戏内容多样性的观察，实质上隐含着对幼儿游戏水平的观察。

（2）观察游戏行为与结果的发展性

① 了解幼儿的建构能力发展。观察幼儿的建构能力主要是看游戏现场幼儿的操作行为和操作结果。幼儿的操作行为能反映当前幼儿的建构能力，包含基本建构

技能和造型能力。在基本建构技能观察中，教师可以从幼儿的操作中看其是否出现了新的建构技能。例如，教师通过观察发现幼儿用了常用的垒高技能，还习得了新的技能——镂空，或者幼儿能够独立完成以前需要他人帮助才能完成的技能。同时教师还应关注幼儿在处理作品造型时的行为，例如，如何表现花纹？每次建构表现花纹的方式相同吗？

②　本园将五大领域融合到建构游戏中，以下是给教师参考的观察幼儿五大领域发展情况的切入点，如果想要了解建构游戏中幼儿的语言领域发展，教师可以观察：

● 儿童在运用语言表达时都用了怎样的词汇。

● 儿童使用语言的目的是表达需求，还是分享愉悦，抑或表示不满。

● 儿童在使用语言时是流畅的，还是小心翼翼的。

如果想要了解建构游戏中幼儿的科学领域发展，教师可以观察：

● 儿童能否对不同形状的积木做区分。

● 在长方形积木不够的时候，儿童能否用两块三角形积木做转换。

● 儿童能否在游戏前或游戏中预估自己需要多少材料。

● 儿童能否用一个二倍体单元积木连接两块垂直积木。

● 儿童能否认识到两个桥墩之间的空间足以让小船通过。

● 儿童能否按照预先设计的平面图进行有意图的搭建。

● 儿童能否准确地理解上下、前后、左右的空间关系。

如果想要了解建构游戏中幼儿健康领域的发展，教师可以观察：

● 儿童是否能熟练地搬运大型积木并保持身体平衡。

● 儿童是否能精准地搭建建筑物的细节并使建筑物保持平稳。

● 当搭建对象达到一定的高度时，儿童能否控制着继续往上叠加。

如果想要了解建构游戏中幼儿艺术领域的发展，教师可以观察：

● 儿童是否能获取表现对象的外在形态并加以表现。

● 儿童是否运用了对称、模式排列等艺术手段。

● 儿童搭建的作品的整体美感和均衡感如何。

如果想要了解建构游戏中幼儿的社会领域发展，教师可以观察：

●儿童在游戏中能否倾听和尊重他人的意见。

●儿童遇到问题时能否尝试和他人共同协商解决。

●儿童是主动地还是被动地和他人分享成果。

●儿童是否能自发地提出规则，以保护自己或他人的作品。

●儿童能否适当地做出必要的妥协。

●儿童是否乐意参与小组讨论、乐意参与合作性的游戏。

（3）观察游戏形式的自主性

要想了解儿童建构游戏的自主性，教师可以从以下几个方面观察：

●儿童是否能自主地选择材料、使用材料。

●儿童是否能自主决定所要建构的对象。

●儿童是否能主动察觉到游戏中遇到的困难并尝试解决。

●中大班幼儿是否能计划自己的建构行为。

在真实情境中，为了帮助教师快速追踪、记录收集到的信息，教师可以使用不同的方式记录，包括频率记录、持续进行记录、趣事记录、语言样本、作品取样、检核清单等。这里介绍以下几种观察图表。

一、趣事记录

		学习故事（注意）	照片
归属感	发现感兴趣的事物	今天搭建的主题是"我心中的小学"，煊煊和小伙伴们早早地画好了图纸，作为组长，他和往常一样给组员们分配着任务"你去拿一些砖，我们还需要一些大的空心砖……"分配完任务，便和小朋友一起搭起了升旗台。甜晴拿来一块砖放在"旗杆"上："这是我们的国旗！"嘴里哼唱起来，子恩则模仿旗手做拉绳的动作，煊煊把旗子从下往上升起，涵涵和甜晴唱着国歌迈上升	
身心健康	在参与		
探究	投入有挑战的活动和在困境中坚持		

续 表

		学习故事（注意）	照片
沟通	表达一个观点	旗台的台阶，升完旗后四个人一起欢呼起来："耶！升完旗啦！" 记录人：李丹老师	
贡献	承担责任		

短期回顾（识别）	下一步做什么（回应）
在本次活动中，煊煊等表现得十分专注，积极参与搭建；主动提出建议并承担一部分任务；乐于与小伙伴们一起合作；遇到困难共同思考，一起解决问题	1.持续关注幼儿对搭建的兴趣。 2.在幼儿需要时给予鼓励、肯定和帮助

二、游戏检核表评价

游戏检核表用来帮助教育者了解幼儿的社会性游戏技能水平。它用来测量、评价、规划和帮助追踪幼儿的发展。使用游戏检核表的注意事项如下。

（1）使用游戏检核表之前，教师需非常熟悉检核表上的每一个项目。

（2）确保你观察的幼儿认识其他幼儿。当他熟悉其他幼儿时，他更可能展现出社会技能。

（3）观察一个幼儿三次或者更多次。单一的观察资料不能反映幼儿较真实的技能水平，每次持续观察时间10～15分钟。同时教师应关注整体的游戏场景。

（4）在持续观察中应找出幼儿一贯表现出的最高技能水平。如果幼儿偶尔具有高技能水平，但更多的时候用的是低水平的游戏技能，那么教师应选择幼儿最经常使用的技能。

（5）检核表中，每个标题之下的项目依据由易到难排列。

附：

幼儿积木建构游戏检核表

幼儿名字：　　　　记录人：　　　　班级：　　　　日期：

选择你持续观察到的最高技能：

1. 物品假装

☐不使用物品假装

☐使用真实物品

☐使用物品替代其他物品

☐使用假想的物品

2. 角色扮演

☐没有角色扮演游戏

☐按一个顺序片段进行的游戏

☐组合顺序片段

☐使用口头声明（例如："我是医生"）

☐模仿角色行为，包括装扮

3. 游戏情境的语言表达

☐在游戏中不使用假装的词语

☐用语言描述替代物品

☐用语言描述假想的物品和动作（例如："我在油漆房子"）

☐用语言创造一个游戏情节（例如："假装我们被怪物带走了"）

4. 游戏情节的口语交流

☐在游戏中没有使用语言交流

☐在游戏中只对自己说话

☐在游戏中只对成人说话

☐在游戏中以非游戏角色与同伴说话（例如："这不是妈妈抱宝宝的方式"）

☐在游戏中以角色身份与同伴说话（例如："在爸爸回家前把饭吃完"）

5. 游戏的持续性

☐少于5分钟

☐6～9分钟

☐10分钟或更长

6. 互动

☐独自玩

☐仅和成人玩

☐和一个儿童玩，并且总是这个儿童

☐和一个儿童玩，可以是不同的同伴

☐可以和两到三个儿童一起玩

7. 进入游戏小组

☐不尝试进入游戏小组

☐使用暴力进入游戏小组

☐站在小组旁边观望

☐模仿小组行为

☐对游戏主题做出相关评价

☐在评价前吸引另一个儿童的注意

8. 问题解决

☐在冲突中屈服

☐使用暴力解决问题

☐寻求成人帮助

☐模仿成人提供的口头解决方式或策略

☐当被提醒时能够想起使用语言或策略

☐主动使用语言或策略

☐接受合理的折中方案

9. 轮流

☐拒绝轮流

☐离开玩具，但别人要拿来玩时表示抗议

☐成人安排和指导时可以轮流

☐要求轮流，但是不等对方回应

☐玩完玩具后，容易让出玩具

☐如果另一个儿童提出要求，可以让出玩具

☐别人提出轮流时，可以接受并遵守

10. 同伴支持

☐对同伴没有兴趣

☐对同伴的困难能够给予注意

☐表现出同情或提供帮助

☐有时能够提出建议和接受同伴的建议

☐鼓励或赞扬同伴

建构游戏中客观有效的评价，不仅对幼儿建构活动内容的深入开展及建构水平的提高起着至关重要的作用，还能促进幼儿良好情感和行为习惯的养成。

建构游戏的评价主要指向教师和幼儿的评价。

在建构活动中，教师通过观察可以了解幼儿建构活动的进程；教师的评价指导可以有效地提升幼儿建构的技能，开拓幼儿的思路；教师有针对性的评价能提高幼儿的建构水平，促进幼儿良好情感和行为习惯的养成。因此对教师的行为进行评价，有利于提升教师的专业水平，帮助教师更加有效地观察幼儿、指导幼儿，最终让幼儿得到更好的发展。

下表为幼儿园建构游戏中对教师的评价表。

项目	一级评价指标	二级评价指标	评定等级		
			★★★	★★	★
教师评价	对幼儿的观察	关注幼儿的建构技能、材料使用、交流合作等			
		主动做好对幼儿的观察和记录			
	对幼儿的指导	指导方式方法适宜，能有效地帮助幼儿确定建构游戏的主题和内容			
		能够把握时机介入游戏，并采用适宜的方法引导幼儿自主解决问题			

续 表

项目	一级评价指标	二级评价指标	评定等级		
			★★★	★★	★
教师评价	对幼儿的指导	帮助幼儿螺旋式提升建构技能			
	对幼儿的评价	评价具有针对性，能关注幼儿个体的评价差异，具有支持和引领作用			
	反思与调整	能及时地对建构游戏的材料进行反思与调整			
		能及时地对建构游戏的环境进行反思与调整			

　　幼儿是建构游戏的主体，在环境的刺激和教师的引导下进行建构活动。建构游戏不仅能增强幼儿的图形、数量、空间概念，发展幼儿的动手能力，更能促使幼儿在协商、谦让、交换的游戏氛围中学会分享与合作，尝试开拓与创新，体验成功与挫折，从而实现合作交往能力的提高以及幼儿个性的和谐全面发展。指向幼儿的评价从五大领域发展评价、建构能力发展评价及自主性发展三个方面进行。

　　下表为五大领域融合积木建构游戏的幼儿发展评价表。

项目	一级评价指标	二级评价指标	评定等级		
			★★★	★★	★
五大领域融合积木建构游戏的幼儿发展评价	语言	能与同伴交流、沟通，通过讨论进行分工安排			
	科学	能正确认知建构材料的大小、形状等特性，能对其进行比较、分类、观察和尝试			
		能获得并运用空间、距离、方向、守恒等数学概念			
		认识并尝试绘制平面图			
		懂得以自身所处的位置为参照点看图纸、画平面图			
		能依据平面图进行相应的建构			
	健康	能用手指精准地搭建建筑物的细节，并使建筑物保持平稳			

续　表

项目	一级 评价指标	二级评价指标	评定等级		
			★★★	★★	★
五大领域融合积木建构游戏的幼儿发展评价	健康	能熟练地搬运各种不同重量的积木并进行搭建			
	艺术	能运用积木进行造型，获取物体的外在形态，并能表现出对称、平衡等艺术形式			
	社会	尊重他人的意见，与同伴协商、分工合作并懂得分享和谦让			
		能建立适当的游戏规则，注意保护自己和他人的作品			

下表为幼儿建构能力发展评价表。

项目	一级评价指标		二级评价指标	评定等级		
				★★★	★★	★
幼儿建构能力发展评价	基本技能	垒高	能熟练地使用积木进行垒高			
		围合	能用四块积木围成一个圈，把一块空间完全地包围在里面			
			能用很多积木围合成一个多边形			
			能用若干积木围合成一个圆形			
		架空	用一块积木盖在相互之间有一定距离的两块积木上面，从而把它们连接起来			
		接插	能将一块积木的一端插入另一块积木中，使之连接在一起，成为一个整体			
		镶嵌	把一个物体嵌入另一个物体			
	装饰能力	关注细节	能运用小块积木进行细节装饰，注意平衡和对称，有规律和美感			
		借助材料	能借助辅助材料完善建构主体物			
	造型能力		能依据表象或平面图片搭建立体造型，具有一定的表征能力			
			尝试将单个物象排列组合成一组或多组物象			

下表为幼儿自主性发展评价表。

项目	评价指标	评定等级		
		★★★	★★	★
幼儿自主性发展评价	感受到建构游戏的乐趣，在搭建过程中能保持愉快的情绪			
	有自己的想法，且能按想法有目的地进行建构			
	能自主寻求材料，能变通材料的玩法			
	能自我意识到问题并能创造性地尝试解决			
	敢于自主展示自己的作品并尝试介绍			

第九章
幼儿园户外大型积木建构
游戏教学资源（中大班）

第一节　案例分析

案例1（大班）："再见了，南城中心幼儿园"主题建构游戏

一、活动背景

（主要介绍游戏活动所需的玩教具材料、环境创设、儿童的兴趣和前期经验、教师预期、游戏规则或玩法等）

建构游戏作为幼儿园游戏活动的一个重要组成部分，对于培养儿童手脑并用，促进儿童创造性思维、想象力的发展及幼儿社会性发展，具有积极的促进作用。

游戏材料：大型炭烧积木、低结构材料（如奶粉罐、纸箱等）、辅助材料（如小动物、小汽车等）、绘画本、夹板、彩笔、图片、音乐等。

环境创设：根据建构主题，进行相应的辅助材料投放和图片的投放。游戏时，老师以故事形式导入，让幼儿有目的地进行游戏。

前期经验准备：游戏活动前，和幼儿一起讨论幼儿园都有哪些教学楼，是怎样的结构，可以运用到哪些技能。

　　游戏规则：①每次参与游戏活动是一个小组6位小朋友。②小朋友协商选择自己喜欢的建构材料、玩具。③在建构游戏中需要帮助时能及时告诉老师。④搭建结束，能分享小组的作品和评价他人的作品。⑤游戏结束，能在小组长的带领下收拾好建构材料。

二、活动内容与过程实录

　　（主要介绍游戏活动的内容和过程，包括幼儿与环境材料互动、探究与交往的关键环节和典型行为以及教师的支持与回应等）

　　活动内容：建构游戏"再见了，南城中心幼儿园"

　　过程实录：

　　（1）游戏活动前，和幼儿一起讨论幼儿园都有哪些教学楼，是怎样的结构，可以运用到哪些技能。我们即将毕业了，一起来搭建一个自己心目中的南城中心幼儿园。

　　（2）幼儿自由分组，推选出小组长，讨论应该怎么设计幼儿园，同时设计出自己小组的幼儿园。

　　（3）小组长请小组成员自主取材料进行合作搭建。在搭建的过程中，小组长起到领导的作用，带领小组成员根据讨论出的设计进行作品的呈现。

（4）游戏结束，请小组代表来阐述自己的作品主要用了什么技能。教师再根据幼儿的游戏情况进行有效的评价、总结，这既是对幼儿游戏的认可，有助于幼儿提炼游戏经验，提升游戏水平，也是为了让幼儿对下次游戏充满期待。

（5）收拾整理。引导幼儿安全、有序地收拾整理积木。

三、活动的特点及价值所在

（主要介绍活动的特点及其对幼儿学习发展的价值，反思教师支持行为的适切或不足，分析可能生成的教育契机以及进一步的支持策略等）

游戏特点及价值：大型建构游戏场地大，参与人数多，建构材料复杂，相比班级建构游戏区，它会给幼儿带来更大的挑战。

幼儿园的建构游戏材料具有规则性、可操作性和灵活性的特点。建构材料能自由组合、重复使用，具有多变性、可塑性的特点，幼儿在变化多样的建构活动中，既能获得大小、高矮、对称、平衡方位等基本概念，又能锻炼动作的协调性和准确性，促进想象力、创造力的发展，还能提高分工合作、共同进行建构游戏的能力。幼儿建构的成品如"幼儿园"，是小朋友最熟悉的内容，也可以成为幼儿社会游戏的场所。

教师的反思：①幼儿园是幼儿最熟悉的场所，前期经验很丰富。②此次大型建构游戏在户外进行，但幼儿仍然出现了一些纠纷。所以，合理创设游戏环境，通过投放多样化的游戏材料，帮助幼儿建立现实与想象之间的联结。

教育契机：活动延伸到社会角色的扮演，如建构游戏"幼儿园"，将低结构材料进行提升，在搭建游戏结束后，我们一起深入幼儿园的生活，进行角色扮演，幼儿能模仿幼儿园里的各种工作人员，如园长、校医、老师等，发挥小朋友的想象力为幼儿园增添不一样的色彩。小朋友也摇身一变成为幼儿园的管理人，贴心地为小朋友们准备了午餐。幼儿在自由、自主的环境下愉悦地创造。

案例2（大班）："西城楼"主题建构游戏

一、活动背景

大班上学期的课程都是围绕东莞特色建筑景点进行的。大班的孩子对景点都有了一定的认识，对建筑结构也有了一定的空间基础，他们对搭建技能的运用也越来越娴熟。为了给幼儿提供一个对东莞建筑景点大胆而充分展开设想的平台，也为了帮助幼儿了解建筑结构，进而激发其建构的愿望，我们设计了此次建构游戏活动"西城楼"。

活动准备：①知识准备：西城楼的历史与结构知识铺垫。②物质准备：大型炭烧积木、低结构材料（如奶粉罐、纸箱等）、辅助材料、绘画本、夹板、彩笔、图片、音乐等。③活动环境准备：为幼儿提供较宽敞的操作空间，操作材料摆放在空间的四周。

环境创设：根据建构主题，进行相应的辅助材料投放和图片的投放。游戏时，教师以主题谈话的形式导入，让幼儿有目的地进行游戏。

二、活动内容与过程实录

活动内容：建构游戏"西城楼"

过程实录：

1. 活动导入，回忆参观西城楼的情景，引导幼儿了解西城楼的结构布局。

（1）回忆西城楼的建筑，引发幼儿搭建的兴趣。

（2）结合图片，师幼共同讨论西城楼里建筑的外形特点和方位关系。

（3）师幼共同制作简易布局图，学习规划整体布局。

2. 幼儿自由选择材料，分组建构，提出游戏要求。

（1）自由选择材料进行建构，根据需求搭建西城楼及其周边建筑（搬运时要轻拿轻放）。

（2）根据布局图的提示，在对应的位置搭建物体。

（3）注意安全，文明建构，坚守岗位。

3. 分组建构，教师观察指导。 提醒幼儿注意各建筑物之间的比例关系、空间关系。

　　4.组织幼儿欣赏作品。让幼儿在集体面前介绍自己搭建的作品，教师再根据幼儿的游戏情况进行有效的评价、总结、鼓励，这既是对幼儿游戏的认可，也有助于幼儿提炼游戏经验，提升游戏水平。

5.收拾整理。引导幼儿安全、有序地收拾整理积木。

三、活动的特点及价值所在

价值所在：

1.调动幼儿的积极性。幼儿对积木游戏都是感兴趣的，许多幼儿对积木搭建有自己独特的见解，对自己设计的建筑物充满憧憬，对于自己生活中能见到的地方，幼儿总有熟悉感。组织幼儿参与"西城楼"主题建构游戏，能够充分地调动幼儿的积极性，激发幼儿对于主题建构游戏的兴趣，使得幼儿能够主动参与到主题建构游戏之中，促进自身的发展。

2.发展幼儿创新思维。在组织幼儿参与到"西城楼"主题建构游戏的过程中，幼儿需要与小伙伴合作动手，运用身边的材料与同伴配合共同打造出自己心目中的西城楼。在建构西城楼的过程中，幼儿能够充分地发挥自己的想象力，建构属于自己的西城楼，从而促进幼儿创新思维的发展。

3.激发幼儿对探究历史建筑的愿望。西城楼对于幼儿来说是庄严且富有历史感的，通过"西城楼"主题建构游戏，幼儿能够建构自己心目中的西城楼，能够对西城楼有较清楚的认知，这能够在一定程度上激发幼儿探究历史的愿望，使得幼儿能够积极向学，促进幼儿自身的发展。

反思教师的支持行为：

1.教师随时会关注幼儿的表现，与他们交流、讨论，给予鼓励和支持。

2.用以强带弱的方式进行分组，关注个体的差异。

3.游戏材料的发放要有先后顺序，装饰的辅助材料应在游戏进程中的后半段发放。

教育契机：活动延伸到社会角色的扮演，如建构游戏"西城楼里的故事"，在搭建游戏结束后，将低结构材料提升，和小朋友一起进行"西城楼"的历史角色扮演游戏。

案例3（大班）："停车场"主题建构游戏

一、活动背景

在上一个主题中发现幼儿特别喜欢各种各样的车子，有的幼儿提出：这么多的车子要停在哪里呢？于是，停车场的建构主题就产生了。

教具材料：①知识准备：观看停车场图片（课前现场实地参观考察）。②物质准备：大型炭烧积木、低结构材料（如奶粉罐、纸箱等）、辅助材料、绘画本、夹板、彩笔、图片、音乐、小汽车、车位牌等。③活动环境准备：为幼儿提供较宽敞的操作空间，操作材料摆放在空间四周。

环境创设：

根据建构主题，进行相应的辅助材料投放和图片的投放。游戏时，老师以主题谈话的形式导入，让幼儿有目的地进行游戏。

二、活动内容与过程实录

1.谈话导入，引起幼儿的兴趣。

（1）小朋友们，你们见过停车场吗？说说你们见过的停车场是什么样子的？停车场里都有些什么？

（2）你知道停车场有什么用途吗？

2.组织幼儿有目的地观看停车场的挂图，增进对停车场的认识。

（1）指导幼儿观察停车场的结构和布局。

（2）教师向幼儿介绍停车场的用途。

3. 组织讨论。

（1）提问：如果你来建停车场，你会怎么做？会使用什么材料呢？

（2）重点指导幼儿讨论如何进行合理布局。

出示建构材料，引起幼儿讨论。鼓励幼儿说说想用什么材料做什么。

（3）教师与幼儿一起用围合、延长等建构技能。

4. 幼儿分组建构。

（1）帮助幼儿一起用围合、延长等方法建构停车场。

（2）启发能力强的幼儿设计。

（3）提醒幼儿爱护玩具，不乱扔玩具。

5. 组织幼儿欣赏停车场，让幼儿在集体面前介绍自己搭建的作品。教师再根据幼儿的游戏情况进行有效的评价、总结、鼓励，这既是对幼儿游戏的认可，也有助于幼儿提炼游戏经验，提升游戏水平。

6.收拾整理。引导幼儿安全、有序地收拾整理积木。

三、活动的特点及价值所在

游戏特点及价值：游戏能满足幼儿的心理需要，让幼儿获得自由和快乐。

发展幼儿想象力、动手能力、创造力。了解各种建构材料的性质，学习空间关系的知识，理解整体与部分的概念，增强对数量和图形的认识，这些促进了幼儿感知、思维的发展，提高建构造型的审美能力。培养耐心、协作、互助、坚持等良好的学习品质和行为品质。

教师的反思：在这次活动中，都是采用循序渐进的方式引导幼儿建构学习的，在游戏中发现有部分幼儿的建构技能有所提高，但在活动中也有很多不足，比如有的幼儿不会看设计图，有的小组分工不明确。在第二次建构游戏时，教师可引导部分幼儿建构车子，停放在停车场，这样使活动内容丰富，幼儿也比较感兴趣。

教育契机：活动延伸到社会角色的扮演，如建构游戏"交通城"，在搭建游戏结束后，将低结构材料提升，进行角色扮演，模仿交警和司机在道路上行驶、指挥。

案例4（大班）：自由建构游戏

一、活动背景

教师发现幼儿对五颜六色的材料非常感兴趣，并且大班下学期的幼儿已经不满足于平面造型，对三维立体造型产生了浓厚的兴趣。从幼儿的这一兴趣点出发，教师投放了正方体、长方体、球体、圆柱体等形体的积木，引导幼儿在掌握各种形体基本特征的基础上进行自主建构。

活动准备：

1. 经验准备

①具有建筑基本结构的认识；②室内区域建构经验的积累；③大班前期混班合作的经验；④家长周末带幼儿参观不同建筑物并介绍其结构特点；⑤建构活动前教师在室内对活动进行导入。

2. 材料准备

①各种不同形状、大小的大型炭烧积木；②辅助材料（奶粉罐、轮胎、红绿灯、PVC水管、表演服装）；③画板、笔。

二、活动内容与过程实录

（一）活动导入

教师通过层层提问，了解幼儿搭建的意愿。

师：

①老师周末请爸爸妈妈带你们去参观和观察了不同的建筑物，还记得你去看了哪些建筑物吗？

②你觉得它（建筑物）最特别的地方在哪里？

③那你今天计划搭建什么？

④ 你要用到什么技能才能搭建出这个××（建筑物名）呢？

师：看来你们对自己要搭建的作品已经有了想法。在搭建之前，老师还要温馨提示三点。

第一，一定要保护好自己，注意安全。那我们要注意哪些安全呢？

（戴好安全帽；拿取积木时要注意不要甩到同伴；通过加粗、加宽等方法让自己的作品更牢固，不易倒塌；使用梯子时要放置在宽敞的地方，不要超过三个人同时使用等）

第二，正确使用指示牌，当它没放好时要及时扶正。（施工中、已竣工）

第三，组员间相互合作，合理分工，责任到人。（搬运员、搭建师、设计师、安全检查员、工程监督员等）

第四，当不舒服或受伤了要及时告诉老师，口渴了自己喝水，自己根据身体冷热增减衣服。

（二）活动过程

1. 分组和绘制图纸

① 将幼儿分成六组，幼儿选出小组长并进行分工。

② 绘制图纸。

2. 自由搭建建构

① 教师责任到组，进行巡回观察，给幼儿提供适时适宜的指导。

② 教师根据幼儿游戏行为，填写游戏检核表，并拍照记录幼儿的精彩时刻。

3. 收拾整理

引导幼儿安全、有序地收拾整理积木。

三、活动的特点及价值所在

教师支持策略：

组织幼儿参观、介绍、分享。

请每个小组的组员介绍自己的作品：

① 你搭建的作品的名字是什么？（给作品命名）

② 你和你的组员运用了什么技能搭建出来的？（技能总结提升）

③ 你最喜欢你的作品的什么地方？为什么？（作品亮点）

④ 小朋友们可以在你的作品里玩什么游戏？（游戏延伸）

⑤ 今天你们小组是怎样分工的？你是负责什么工作的？哪个部分是你搭建的？

⑥ 今天你在搭建的时候有没有遇到困难？（比如和同伴发生矛盾/想要的积木用完了等）你是怎么解决的？（协商/谦让/请求帮助/用其他物品替代等）

第二节　游戏建构花絮

一、建构准备

二、设计绘图

三、建构进行时

四、分享小结

五、收拾归类

六、建构作品展示

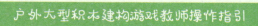

七、主题建构花絮

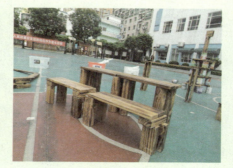

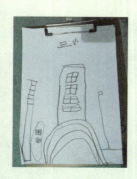

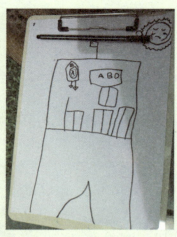

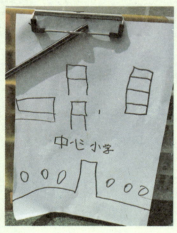

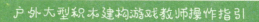

八、自由建构花絮